THÈSE

POUR

LA LICENCE.

ACTE PUBLIC

POUR LA LICENCE,

EN EXÉCUTION DE L'ARTICLE IV, TITRE II, DE LA LOI DU XXII VENTOSE AN XII,

SOUTENU

PAR M. CHALRET DU RIEU (Henri-Antonin),

Né à PARIS (Seine).

JUS ROMANUM.

SOURCES DE LA MATIÈRE :

INST. LIV. II, TIT. 20. (les 20 premiers §.) GAIUS COMM. II, § 19 et suiv. PAUL. SENTENCES. LIV. III, TIT. 6. PANDECTES. LIV. 31, DE LEGATIS. CODE. LIV. 36, TIT. 7.

TITRE XX.

De legatis.

Hanc materiam in quatuor partibus dividemus : 1° de legatorum definitione; 2° Quibus modis legari potest; 3° De rebus legatis; 4° De legatorum consequentiis.

1855

§ 1. — *De legatorum definitione*.

Generali modo, legatum dici potest omnem liberalitatem esse quæ morti donantio subjicitur et hoc sensu, Paulus dicit (Dg. 87, liv. 5, de legatis) : Et fideicommissum, et mortis causâ donatio; in appellatione legati continentur.

Sin autem stricta legati definitio quæratur dicendum est : « Legatum est donatio quædam a defuncto relicta et ab herede præstanda; nam, ut ex multis Digestorum libris constat, non legatum exstat, nisi in testamento, heredi quasi lex impositum (1).

Sine dubio, pro effectu, legata nunc fideicommissis excœquantur; et tamen aliquæ adhuc manent differentiæ inter legata et fideicommissa (2). Imperator Justinianus easdem legatis et fideicommissis actiones dedit; id est : in personam, in rem (quæ olim legatis tantum quibus rei dominium transferebatur competebant) et tandem hypothecariam.

Quæque sit legati definitio, hoc præcipue animadvertendum est : legatarius non personæ, sed bonis defuncti succedit; et adeò firmum erat hoc principium ut olim heres solus actiones defuncti intendere et sustinere posset, et postea tantum adjuvantibus partis et pro parte stipulationibus, actionum quoque partem legatarius habuit (3).

§ 2. — *Quibus modis legari potest*.

Quatuor olim legatorum erant genera; per vindicationem, per damnationem; sinendi modo, per præceptionem; et cuique legatorum generi certa verba adsignata erant.

---

(1) Modestinus. Liv. 31. 11º, L. 56. Ulp. Reg. 24, § 1.

(2) Legatum et flideicommissum libertatis.

(3) Quæ stipulationes olim (de lucro et damno pro rata parte communicando) inter heredem et legatarium partiarium fiebant, nunc ipso jure actiones inter heredem et legatarium dividuntur. Gai. 11, § 254. Ulp. 24. p. 15.

1° Per vindicationem sic legabatur « *servum* quendam do lego. » et post testatoris mortem res legata, legatarii fiebat; legatarius rem vindicare poterat; unde nomen per vindicationem (1). Quia eo quæ legantur, resta via ab eo qui legavit ad eum cui legata sunt, transeunt. (L. 64. Dg. de furtis.) Suas autem res testatori sic legare permissum erat, et eas tantum quæ ex jure quiritium ipsius fuerant utroque tempore et quo faceret testamentum et quo moreretur, exceptis quidem rebus quæ pondere, numero, mensurava constant.

Dissentiebant Sabini et Proculi sectatores, utrum legatum a legatario acceptum fuisse an non deberet. Antoninus imperator acceptum fore, rescripsit.

2° Per damnationem sic : « *Heres meus damnas esto*..... » Quod autem legatum, optimum jus (2) appellatur ; quia omnia tam aliena quam testaris et futura recte legabantur.

Legatarius contra heredem habebat actionem in personam; res legata non legatarii subito fiebat, ut per vindicationem. Paucis verbis, ex legato per damnationem, obligatio, ex legato per vindicationem rei vindicatio nascebatur.

3° Sinendi modo, his verbis : *Heres meus damnas esto sinere capere...*

Quod legatum plus quam (3) per vindicationem, minus quam per damnationem continebat. Testator et suas et heredis sui res legare poterat : legatarius contra heredem, actionem in personam habebat (4). Res non statim post aditam hereditatem legatarii efficiebatur, heredem necesse erat hanc seu mancipare, seu cedere in jure, seu aliquo modo tradere legatario.

4° Per preceptionem sic legabatur : « Lucius Titius servum præcipito. Sabinianæ scholæ auctores, coheredi tantum sic legari posse putabant, nec nullo alio modo legatum peti quam familiæ eriscundæ judicio. Proculi

(1) G. 1. 193 et suiv.
(2) Ulp. 24, § 11. — G. 11, § 197.
(3) G. 11, § 207. — Ulp. Reg. 24, § 5,
(4) G. 11, § 213 et 214.

contra sectatores tam extraneo quam heredi, sic legari valide, suppressa præ syllaba, proinde ac si scribebatur; « servum meum capito (1), » et hoc legatum, perindicationem legato simile esse putabant, sed duo scholæ res testatoris solas sic legari valide admittebant.

Formularum autem sctricta necessitâs, paulatim in legatis desiit. Primò, senatusconsultum Neronianum omnia legata quæ propter formulam, inutilia olim erant, ut per damnationem valere decrevit : verbi gratia; si per vindicationem res extranei legetur legatum ut optimo jure factum, valebit. « Quo cautum est, aït Ulpianus, ut quod (2) minus aptis verbis legatum est, perinde sit ac si optimo jure legatum esset.

Postea duo Constantii et Constantii Constitutiones formularum obser-vantiam (3) aboleverunt.

Tandeni Justinianus imperator unam legatis dedit naturam, et omnibus easdem triplices actiones. Attamen aliquæ adhuc differentiæ ex natura ipsa rerum exstantes manent. Sic is cui res incerta lagata fuit, ut equus aliquis, pecunia, etc., non actionem in rem habebit, ut is cujus res legata subito fieri potest (4).

Si siluit testator, quisque heres pro portione suâ legatum debebit ; quia hereditas eum obligat ; potest autem testator nominatim uni aut pluribus, exceptis aliis, heredibus legatum imponere, et legatarius, contra hos tantum actionem habebit (5).

Animadvertendum tandem est actionem hypothecariam in tantum unumquemque conveniri, in quantum personalis actio eum competit ; et tantummodo earum rerum esse quæ a testatore ad heredem legato gravatum pervenerunt (6).

---

(1) Gaius, § 221. On prétend qu'une constitution d'Adrien confirma ce dernier avis.

(2) Ulp., tit. xxiv, § 11.

(3) Cod. 6. 23. 15. — Cod. 6. 37. 21.

(4) Recta via dominicum quod hereditatis fuit, ad legatarium transit ; numquam factum factum heredis. (80l. Dg. de legatis 11.)

(5) L. 17. Dg. De duobus reis constituendis.

(6) Cod. 6. 13. 1. — Constitution qui a donné lieu à l'erreur de notre Code, dans l'art. 1017.

Ut heres pro parte adquirere, pro parte repudiare hereditatem non poterat, sic legatarius pro legato (1).

SECTIO PRIMA.

§ 3. — *De Rebus legatis.*

Quæ res legari possunt?

Tam præsentes, quam futura, corporalia et incorporalia, aliena et testatoris et heredis (2), dommodò in commercio sint (3), seu justam causam afferat heres, cur utique præstare non possit (4).

Onera heredi imponere potest testator. Si alienam ren legaverit, hanc, aut si non eam redimere potest, æstimationem ejus debet heres (5). Sed legatorio incumbit, testatorem probare rem scisse alienam, nisi cognatus defuncti sit proximus (6).

Quum autem heredis res legatur, parum refert utrum suam esse an non scieret testator (7).

Si res, cujus commercium quis non habet (ut si servus christianus heretico, fundus præsidi provinciæ legetur), inutile erit legatum. Si heres solus non commercium habeat, utile erit (8). In libris autem digestorum, opinionem contrariam invenimus (I. 40, § 9, de legatis 1°). Quæ lex legatario, cui rei legatæ *(per fideicommissum)*, commercium non est, œstimationem vult dari. Credo has leges differentiam ponere inter legata et fideicommissa.

Legatario sua res inutilitater legatur, et si post factum testamentum eam alienaverit (9).

(1) l. 38. Dg. De legatis 1°. — Præ. l. 4. de legatis 11°.

(2) L. 25. Cod. De fideicommissis.

(3) L. 39. Dg., § 7, 8, 9. De legat 1°.

(4) L. 71. id., § 3,   id.

(5) L. 14, § 2. De legatis iii.

(6) Cod. 10. De legatis.

(7) L. 67, § 8, Dg. De legatis 2°.

(8) L. 49, § 2 et 3. De legat. 2°.

(9) L. 41. Dg. De legatis 1°. contrariée par la loi 1, § 2, de regula catonianâ; mais il faut lire les mots de cette loi « si eum vivo testatore ».... dans la phrase précédente, et les regarder comme inscrits dans le testament, ce qui fera un legs conditionnel. (Opinion de M. Machelard.)

Traditum erat hoc principium, quod non solum legatis pertinebat;
« duas lucrativas caùsas in eumdem hominem et in eamdem rem con-
currere non posse (1). » Hac ratione, si rem legatam, testamento facto,
legatarius ex causa lucrativa acquisivit, inutile erit legatum. Sin autem
partim ex causa lucrativâ partim ex causa emptionis acquisiverit pre-
tium consequi potest. Si fundum nudum ex emptione-venditione, usum-
fructum autem ejus ex causa lucrativa acquirat, posteaque fundus ei legetur; ex testamento fundum totum recte petet, omissâ plus petititionis
metu, quia ususfructus ut servitus habetur (2) : judex autem estimatio-
nem tantum fundi empti præstare jubebit.

Testatoris intentio semper quærenda est. Ut pro rei alienæ legato, sic si
sciens rem obligatam legaverit præsumitur ab herede eam rem lui voluisse
testator; si nesciens, legatarius luere debet (3). Sic, si quasi alienam,
suam rem legaverit, utile erit legatum, quia præsumitur testator multo
magis legavisse, si suam esse scisset. Sic, si post testamentum rem legatam alienaverit testator necessitate coactus, non legatum ademisse præsumitur (L. 11, § 12, de leg. 1°) : idem si prædia legata pignori seu
hypothecæ dedit (4), et heredibus, testatorem legatum revocasse, probatio
incumbit. Contra autem evenit, si testator, non necessitate coactus, rem
legatam alienaverit; v. g. donaverit : presumitur revocasse legatum (5).
(§ 12, Instit.).

SECTIO SECUNDA.

§ 3. — *De quibusdam legatis.*

Disentiebatur olim, si debitori liberatio valde legaretur quia rei quæ
debebat, dominus esset. Libri Digestorum (6) et instituta, dubium aufe-

---

(1) Dg. L. 17. De obligat. et action.
(2) L. 25. Dg. Do verborum significatione.
(3) Paul Sent. liv. III, tit. VI, § 8, — L. 57. Dg. De legat. 1°.
(4) Paul Sent. 3, 6, § 16. — Cod. 3. De legatis.
(5) Livre 34, 4, 18, Dg.
(6) Loi. Dg. Prœ. — De liberatione legatâ.

runt. Cùm autem legatum ex jure civile; obligationem non exstinguebat, debitor ab herede, si solus, suam liberationem per acceptilationem consequi poterat, (si modo verbis) contractus fuisset; si non verbis, novatio fiebat ut acceptilatio interveniat). Si non unus erat debitor, v. g. si fuerant plures co-rei, et uni liberatione legatâ, aut pacto liberabitur, aut exceptionem doli mali habebit (1).

Debitor, creditori suo, quod debet legavit. Utite erit legatum si plus est in legato, quam in debito (2). Sæpisfime utile erit, in Justiniani tempore propter actiones in rem et hypothecariam.

Idem de dote legata, quia plus est in actione ex legato quam rei uxoriæ (3).

§ 4. — *De legatorum consequentiis.*

Quasnam res legatarius consequi potest ?

Si pure legatum fuerit, mortuo testatore, jam legatarius jus quoddam habet. Transferre suis heredibus hoc potest. Res, quales sint, mortis tempore, consequi poterit post aditam hereditatem, et ea quæ rei legatæ, intra mortis et aditæ hereditatis tempus, accedunt vel decedunt, legatarii lucro vel damno sunt, pro legatis quibus post mortem dies cedit.

Si vivo testatore res perierit, legatum inutile fit, nec quod adhuc extat legatarius consequi potest (4), quia accessio cedit principali; sic mortuo bove, neque corium, neque caro debetur.

Sin autem res proprias et separatas legatum contineat; quod exstat, legatario debetur. Sic, legatis ordinariis cum vicariis servis licet ordinarii mortui sint, vicarii legato cedunt (5). Idem, ancillis mortuis, natos eorum heres debebit (6). Idem de grege legato; si una ovis superfuerit, debetur : non idem de gregis usufructru (7).

(1) Loi 3. Dg. De liberatione legata, § 3.
(2) L. 29. Dg. De legatis 11º.
(3) L. 5. Dg. De dote prœlegata. — Cod. De rei uxoriâ, § 3,
(4) L. 49. Dg. De legatis 11º, Præ.
(5) Instit. § 17. Dg. 21, 1, 44. Pr.
(6) L. 3. Dg. De peculio legato.
(7) L. 31. — Quibus modis nsus. Dg.

Si post mortem , sine facto heredis, res perierit , legatario decedit ; sed quia jus legatarii nactum est, id quod exstat consequi poterit. Facto suo, etiam sine culpâ, heres obligationem suam luere non potest : ut puta, si suum servum legatum , nesciens manumiserit, nihilominus tenetur (1) , etsi , non teneatur, si extranei servus legatus manumissus fuerit (2).

Tandem in peculio legato , discernendum est, utrum servo ipso cum libertate, an extraneo legatum fuerit. Si servo, dies non ante aditam hereditatem cedit, et quodcumque, non ex peculiaribus rebus, intra mortis tempus et aditam hereditatem , acciderit, legatario cedit. Si contrà, extraneo legetur , dies post mortem cedit, et legatum quale sit hoc tempore consequi tantum potest, cum tamen incrementis ex rebus peculiaribus, ut partus ancillarum ,pecudum fructus.

Aliquando , infirmatur legatum et tamen heres non liberatus est ; quum juri adcrescendi locus est, quum duobus eadem res legata est. Plures legatarii ad eamdem rem conjuncti sunt.

Conjunctio autem triplici modo intelligitur (3) , aut enim re et verbis ; quum in una dispositione legatarii continentur ; re tantum , quum separatim eadem res legata fuit , verbis tantum quum in eadem dispositione, eædem rei partes cuique assignatæ fuerunt.

Olim autem , si per vindicationem conjunctim, aut disjunctim legatum fuisset, rectius dicebatur jure non decrescendi, quam accrescendi , legatarium partem legatarii sui adquirere ; quia hoc legato, dominium ipsum, quod unum est, tranferebatur, et quisque ad dominium veniebat (4).

Per damnationem, si disjunctim ; fundus uni, æstimatio alteri debebatur (5), quia pro re solida quisque legatarius contra heredem actionem habebat. Si contra conjunctim (id est re et verbis legaretur), unum nomen, una actio nascebatur, et ex jure civili, dividebatur inter omnes legatarios ; heres partem legatarii deficientis adquirebat (6).

(1) L. 112, § 1. — Dg. de legatio 1°.
(2) 35   iD.   id.
(3) Dg. 50. 16. 142.
(4) G. § 199. — C. 11.
(5) G. § 205.   id.
(6) G. § 205. c. 11. — Ulp. Reg. 24. 6. — Fragmenta Vaticana, 85.

Lex Julia et pappia Pappæa juris adcresendi regulas mutavit, et ex propria auctoritate, cælebes et orbos repellens, patribus, eorum partem adjudicavit, exceptis quibusdem personis, quibus *jus antiquum* servatum fuit (1).

Imperat. Justin. has leges tollis. Sive disjonctim, sive separatim, legatum fuerit; jus adcrescendi apparebit, sed cum aliquà adhuc differentià. Si conjunctim; jus adcrescendi libenter cum onere; si disjunctim, sine onere, sed invito legatario, competet.

Tandem in ususfructus legato, hoc animadvertendum est; si legatis fuerit conjunctim aut separatim ususfructus; neque nemo repudiaverit; pars ejus qui postea moritur, non fundo domini; sed co-legatario adcrescit (2).

APPENDIX.

Pauca verba nunc dicenda sunt de duobus regulis quæ continuò in legatis apparent :

1° Quum mortuus est testator, quonam tempore incipit jus legatarii ? Scimus, omnia quæ, in testamento continentur, ex additione heredis dependere. Et tamen jus quoddam legatarius habet, quod exprimitur his verbis « Dies cedit (3) » non petitioni adhuc locus est, sed securus est usque ad aditam hereditatem ; quum adita sit hereditas ; tunc jus plenum habet ; petitionem consequi potest ; dicitur : « *Dies venit* ».

Si legatum pure fuit, aut die certo, post mortem testatoris dies cedit, exceptis quibusdam legatis (4). Si sub conditione, quum conditio efficitur.

Quum dies cessit, jus transmittere suis heredibus potest legatarius : hi qui legatum adquirebunt, et hæ quæ debentur designatæ sunt.

2° Regula Catoniana cautum fuit, ut testator post testamentum factum mortuus esse subito videretur ; et legatum quod ex initio inutile foret, non

---

(1) Ulp. Reg. 18·
(2) 77. Fragmenta Vaticana.
(3) L. 213. Dg. de verborum significat.
(4) L· 2. Dg· quando dies legatorum.

postea valeret. Sic legatum suæ rei legatario factum inutile est quamvis eam alienaverit.

Quod autem principium jam in jure romano existebat (1), et regula Catoniana tamtum legatis hoc extendit.

(1) L. 29. Dg Diversis regulis juris. — L. 206 ibid.

CODE NAPOLÉON.

Des legs.

(Art. 1002 à 1047.)

En Droit romain, il ne pouvait point exister de testament sans institution d'héritier. Dans les pays de Droit écrit, on avait suivi les idées romaines ; les legs n'étaient que la conséquence de l'institution d'héritier.

Dans les pays coutumiers, au contraire, certains prohibaient complètement l'institution d'héritiers ; d'autres l'admettaient ; mais elle ne valait que comme legs universel. L'institué n'était que légataire; il n'avait jamais la saisine des biens du défunt.

Sous l'empire du Code, l'institution d'héritier n'est plus nécessaire ; mais elle n'est pas prohibée : on regarde la volonté du testateur; et l'effet des dispositions testamentaires est toujours le même, qu'on ait institué des héritiers ou nommé des légataires.

Le Code reconnaît trois espèces de legs : 1° legs universel; 2° à titre universel; 3° particulier.

1° *Du legs universel.*

Art. 1003. — « Le legs universel est la disposition testamentaire par laquelle le testateur donne à une ou plusieurs personnes l'universalité des biens qu'il laissera à son décès. »

L'universalité des biens est considérée comme unité. Ainsi, quoique le testateur ait fait quelques prélèvements, quelques legs particuliers, du moment que le légataire a vocation au tout, le legs universel existe. De même, quand il y a plusieurs légataires, chacun est appelé au tout : ce n'est que par suite de leur concours qu'ils partageront. Cette question n'est pas oiseuse ; car, bien que les légataires recueillent la même portion, les effets seront différents, selon qu'ils la recueilleront comme légataires universels ou à titre universel. Par exemple, si le testateur a dit : Je lègue tous mes biens à Primus, Secundus et Tertius ; il y aura legs universel. Chaque légataire profite de la part du légataire défaillant. Si, au contraire, il a dit : Je lègue un tiers de mes biens à Primus, l'autre à Secundus, l'autre à Tertius, il y aura legs à titre universel. Chaque légataire aura un tiers des biens, comme dans le cas précédent ; mais si l'un manque, ce sera les héritiers légitimes qui profiteront de sa part.

Et même, si tous acceptent, les premiers auront la saisine (s'il n'y a pas d'héritier à réserve) ; les seconds ne l'auront pas.

La première question qui s'élève, quand on lit les art. 1002 et 1003, est celle de savoir, ici, quelles sont les obligations du légataire universel. En donnant le nom de legs à toutes les dispositions testamentaires, le Code a-t-il voulu supprimer tous les effets qui autrefois étaient attachés à la qualité d'héritier, ou les a-t-il conservés pour le legs universel ? En un mot, le légataire universel qui a accepté purement et simplement est-il héritier ? Est-il tenu des dettes de la succession sur ses biens propres *ultrà vires emolumenti ?*

La jurisprudence et quelques auteurs (1) le considèrent comme héritier, et un arrêt de la Cour de Cassation (2) l'a jugé en ce sens ; mais généralement la doctrine est de l'avis contraire. En effet, la loi en supprimant complètement l'institution d'héritier en a voulu supprimer tous les effets. L'orateur qui porta la parole au tribunat dit : « Il faut laisser subsister la dénomination d'institution d'héritier ; mais annoncer que tous les

____

(1) Merlin, Grenier, Laurens.
(2) 13 août 1851.

effets attachés par la loi romaine au titre d'héritier sont entièrement effacés .» De ce que le légataire universel a la saisine, il ne faut pas conclure qu'il soit héritier, qu'il continue la personne du défunt ; car, dans certains cas, les exécuteurs testamentaires auront la saisine et ne seront pas héritiers.

Le légataire universel n'est jamais tenu des dettes *ultrà vires emolumenti* (1).

Le légataire universel peut se trouver en concours avec des héritiers à réserve ; ceux-ci ont de plein droit la saisine de tous les biens du défunt. Le légataire est tenu de leur demander la délivrance des biens légués , et si cette demande est formée dans l'année , il a droit aux fruits à compter du jour du décès. (Art. 1004-1005.)

S'il n'y a pas d'héritier à réserve , il faut distinguer quand le testament est public, ou mystique, ou olographe.

Dans le premier cas, le légataire a, de plein droit, la saisine de tous les biens du défunt ; dans les deux autres cas, il faut une ordonnance du président du tribunal du lieu où la succession est ouverte pour qu'il puisse se mettre en possession des biens ; et si le testament est olographe , comme c'est un acte sous seing-privé (art. 1323), les héritiers à réserve peuvent facilement en arrêter l'exécution, encore qu'il soit revêtu de toutes les formes voulues par la loi, soit en contestant la vérité de l'écriture (2), soit en prétendant que le testateur n'était pas sain d'esprit. (Bruxelles, 19 fév. 1810.)

Obligations du légataire universel.

Si le légataire universel est seul, point de difficulté : il paiera toutes les charges de la succession, dettes et legs, jusqu'au prorata des biens qu'il a recueillis ; car nous avons vu qu'il ne peut jamais être tenu au-delà. Il paiera les legs, même quand leur paiement absorberait toute la succession. Le Code n'a pas maintenu le bénéfice de la loi Falcidie.

(1) M. Bugnet, Valette.
(2) M. Laurens, t. iii, n° 792.

S'il est en concours avec des héritiers réservataires, il paiera les dettes proportionnellement à sa part et portion. Prend-t-il le tiers, le quart, la moitié de l'actif ? il paiera une part correspondante du passif. (Art. 1009, 870 et 871 combinés.).

Quant aux legs, il les paiera seul, parce que les legs se prennent seulement sur la quotité disponible. L'art. 1009 nous dit : « *Il sera tenu d'acquitter tous les legs, sauf le cas de réduction, ainsi qu'il est expliqué aux articles 926 et 927.* » Mais, d'après les termes de l'art. 926, le légataire universel étant réduit lui-même, puisqu'il y a des héritiers à réserve, fera réduire aussi les autres : il ne paiera donc pas tous les legs, ainsi que le veut l'article 1009.

Quelques auteurs ont cherché un cas où le légataire universel, bien que rencontrant des héritiers à réserve, ne sera pas réduit, et, par conséquent, ne pourra pas faire réduire les autres. C'est ce qui arrivera, disent-ils, si le testateur lègue en ces termes : « Je lègue tout mon disponible. » Mais un pareil legs, à mon avis, n'est pas un legs universel ; car en léguant ma quotité disponible, je ne lègue qu'une partie de mes biens. En outre, si c'est un legs universel, il contient la vocation au tout ; s'il contient la vocation au tout, et qu'il y ait des héritiers à réserve, il sera réduit. Nous retombons par conséquent dans le cas de l'art. 1009 (1).

Il y a, dans cet article, une équivoque sur le mot *tous* : il faut entendre ce dernier alinéa en ce sens : Le légataire universel paiera dans les legs *tout* ce qu'il y aura à payer, par opposition à l'alinéa précédent, ou il ne paiera que sa part proportionnelle des dettes. Et comme tous les legs seront réduits au marc le franc (art. 926), il sera toujours sûr de garder quelque chose.

Il aura donc quelquefois plus d'intérêt, quand les legs particuliers seront trop nombreux, à se trouver en concours avec un héritier à réserve (2), qu'à se trouver seul.

Lorsque le testateur lègue à une personne la nu-propriété de l'univer-

<hr>

(1) M. Bugnet. — M. Valette.
(2) M. Bugnet.

salité de ses biens, et à une autre personne l'usufruit des mêmes biens, le legs de la nu-propriété est un legs universel (1).

Mais *quid* d'un legs universel d'usufruit? Sera-t-ce un legs universel, à titre universel ou particulier? Je crois qu'il faut le considérer toujours comme un legs particulier (2). En effet, la loi après avoir défini le legs universel et à titre universel, dit : « Tout autre legs est un legs particulier. » Et il est impossible de faire rentrer le legs d'usufruit dans la définition de l'article 1003 ou 1010. Les articles 612 et suivants emploient bien l'expression « usufruitier universel ou à titre universel, » mais par opposition à ceux qui n'ont l'usufruit que d'un objet déterminé.

Ce legs aura des règles particulières; il sera grevé des charges futures qui ne seraient pas imposées au légataire particulier ; mais ce qui prouve qu'un pareil legs est un legs particulier, c'est que le légataire ne contribue pas aux dettes du défunt. Seulement, il ne pourra pas avoir une jouissance plus grande que ne l'aurait eue le défunt. Le défunt aurait dû payer ses dettes ; il aurait dû prendre, chaque année, sur ses revenus, pour payer les intérêts ; c'est ce que fera l'usufruitier : il ne paiera que les intérêts des dettes dont sera grevé l'héritier nu-propriétaire, à moins qu'il ne fasse vendre une partie des biens pour les payer. Mais on voit bien que l'usufruitier ne paiera que des arrérages futurs; tandis que les légataires universels et à titre universel, sont contribuables et doivent une quote part des dettes du défunt.

Cette question est importante pour savoir à partir de quelle époque l'usufruitier légataire aura droit aux fruits. Si c'était un légataire universel, ou à titre universel, et qu'il eût formé sa demande dans l'année, il aurait droit aux fruits à partir du décès : comme légataire particulier, il n'y aura droit qu'à compter du jour de sa demande.

§ 2. *Du legs à titre universel.*

« Le legs à titre universel est celui par lequel le testateur lègue une quote

(1) M. Duranton. — C. Cassat., 7 août 1827.
(2) Zachariæ, Proudhon, Marcadé, Bugnet, Valette, contre MM. Duranton, Laurens. Cours de Cassation.

part des biens dont la loi lui permet de disposer » (Art. 1010.) Il peut y avoir cinq espèces de legs à titre universel :

1° Legs d'une quote part de tous les biens ; une moitié, un tiers ; 2° legs de tous les meubles ; 3° de tous les immeubles ; 4° d'une partie des meubles ; 5° d'une partie des immeubles.

Tout autre legs est un legs particulier.

Le légataire à titre universel n'aura jamais la saisine des biens de la succession ; il sera tenu de demander la délivrance des legs aux héritiers à réserve, à leur défaut aux légataires universels, et, à défaut de ceux-ci, aux héritiers légitimes ; s'il n'y en a pas, il fera nommer un curateur à la succession vacante et lui demandera la délivrance du legs (1).

A partir de quelle époque le légataire à titre universel aura-t-il droit aux fruits ? Je crois qu'il faudra l'assimiler au légataire universel et lui appliquer l'art. 1005, s'il forme sa demande dans l'année. Puisque la loi l'assimile au légataire universel pour les charges, il est juste qu'il en ait aussi les bénéfices ; et comme il a droit à une partie de l'universalité, il a également droit aux fruits qui y sont confondus.

Le légataire à titre universel contribuera aux dettes et charges de la succession proportionnellement à ce qu'il y prend. Nous appliquerons ici la même décision que pour le légataire universel : il ne sera jamais *tenu ultrà vires successionis.* Quelquefois, s'il a dans son lot un immeuble hypothéqué, il pourra payer plus qu'il ne doit ; mais alors, il aura un recours contre ceux qui doivent contribuer avec lui (art. 1012).

Quant aux legs, nous savons qu'ils ne se paient que sur la quotité disponible ; jamais ils ne se peuvent prendre sur la réserve. Si donc le légataire à titre universel a toute la quotité disponible, il paiera tous les legs ; s'il n'en a qu'une partie, il les paiera proportionnellement à la portion qu'il prend : s'il a, par exemple, le quart de la quotité disponible (dans le cas d'un seul enfant réservataire), et que l'héritier ait l'autre quart, chacun paiera la moitié des legs, tandis que le légataire ne paiera que le quart des dettes (2). (Art. 1013.)

(1) M. Laurens.
(2) MM. Laurens, Duranton, Demante, Zachariœ.

§ 3. *Des legs particuliers.*

« Tout legs pur et simple (et l'on peut ajouter : tout legs à terme (art. 1041), donnera au légataire, du jour du décès du testateur, un droit à la chose léguée, droit transmissible à ses héritiers ou ayant cause. »

C'est là le *dies cedit* des Romains. Le légataire aura un droit à la chose léguée (1), droit transmissible à ses héritiers ; mais, à la différence du Droit romain, le *dies cedit* et le *dies venit* se confondront; il pourra, de suite, former sa demande en délivrance, sans être astreint à attendre l'addition d'hérédité.

Les fruits de la chose léguée n'appartiendront au légataire qu'à compter du jour de sa demande en délivrance, à moins que le testateur n'ait déclaré qu'ils lui appartiendraient au jour du décès, ou que son intention ait paru telle; quand, par exemple, il aura légué une rente viagère ou une pension à titre d'aliments.

A ces deux cas, on en ajoute généralement un autre : quand le testateur a fait un legs de libération, a légué à quelqu'un la remise d'une dette (2).

Le légataire particulier a trois actions pour obtenir la délivrance de son legs : 1° action personnelle (1017, 1er aliéna); 2° action réelle (711), et enfin action hypothécaire.

L'art. 1017 donne un droit exorbitant au légataire, en lui accordant une hypothèque légale sur tous les immeubles de la succession, et en lui permettant d'actionner pour le tout chaque héritier détenteur d'un immeuble. Cet article est le résultat d'une erreur législative. D'après l'art. 2114, l'hypothèque est indivisible, et les rédacteurs du Code ont cru qu'ils feraient infraction à cette règle en divisant l'hypothèque accordée

______

(1) Jus in re, droit de propriété et non pas simplement droit de de créances, à moins que le legs ne soit d'un objet incertain.

(2) M. Bugnet.

au légataire, sans faire attention que c'était cet article même qui créait l'hypothèque, et qui n'aurait pas violé la règle de l'indivisibilité en créant plusieurs hypothèques multiples (1), chacune au prorata de ce que devait personnellement l'héritier.

Grâce à cet article, le légataire aura plus d'avantage qu'un créancier ordinaire : celui-ci n'aura contre chaque héritier qu'une action personnelle, proportionnellement à sa part dans la succession, tandis que le premier choisira le légataire le plus solvable pour se faire payer son legs, et pourtant l'un combat de *lucro captando*, et l'autre de *damno vitando !*

SECTION II.

Que peut réclamer le légataire.

Le légataire a droit à la chose léguée telle qu'elle se trouve au décès du testateur, avec tous ses accessoires nécessaires, c'est-à-dire avec ce qui, n'étant pas de la chose même, y a quelque liaison qui fait qu'on ne doit pas l'en séparer. Les détériorations ou diminutions que la chose a subies depuis le testament jusqu'au décès sont supportées par le légataire : de même qu'il profite des améliorations ou augmentations faites dans le même espace de temps.

La perte de la chose principale du vivant du testateur entraîne la perte du legs ; le légataire ne peut réclamer les accessoires. Quand, au contraire, la perte a lieu après le décès, il peut les réclamer (2).

Dans le legs particulier d'un immeuble, le légataire peut réclamer seulement ce qui est compris dans le testament. Il n'a pas droit aux nouvelles acquisitions, même contiguës, faites par le testateur (art. 1019).

Il en est autrement des constructions nouvelles (même celles qui sont faites sur un terrain précédemment nu), ou d'un enclos agrandi par le défunt.

(1) Comme l'avait fait Justinien. — Constitut. 7 Cod. Communià de legatis.
(2) M. Laurens, t. 2, n° 823.

Le légataire particulier ne contribue point aux dettes de la succession (1024). En effet, quand le testateur lègue à quelqu'un un objet déterminé, il est présumé avoir voulu léguer l'objet sans aucune charge.

Il peut arriver cependant que le légataire soit tenu de payer quelques dettes : quand, par exemple, le testateur lui a légué une chose hypothéquée pour une dette de la succession, l'héritier n'est pas forcé de la dégager ; mais le légataire qui a payé aura un recours contre lui. Si l'immeuble était affecté à la dette d'un tiers, il n'aura de recours que contre ce tiers (1). Quant aux legs, le légataire n'en sera pas tenu, sauf la réduction opérée d'après les art. 926 et 927.

Le testateur peut léguer un fond dont il n'avait que la nu-propriété, à la charge par son héritier de racheter l'usufruit pour donner au légataire ; si l'usufruitier ne veut pas vendre, l'héritier paiera, chaque année, au légataire la valeur de cet usufruit (2).

Le légataire peut-il réclamer le legs de la chose d'autrui ? L'art. 1021 prohibe, d'une manière absolue, une pareille disposition. Quelques auteurs ont voulu distinguer le legs de la chose de l'héritier, du legs de la chose d'autrui, et ont prétendu que le premier était valable. Une pareille distinction n'est pas possible devant les termes formels de l'art. 1021 ; ce legs ne serait valable qu'autant qu'il serait fait expressément comme charge de l'hérédité ou du legs (3).

Cependant il ne faudrait pas prendre l'art. 1021 trop à la lettre. Les rédacteurs du Code (Bigot de Préamenens, Tronchet, Treilhard) disaient que, dans le legs de la chose d'autrui, même fait sciemment, la volonté du testateur n'était jamais assez certaine ; que, du reste, il n'avait qu'à s'expliquer.

D'abord il est évident que l'art. 1021 ne s'appliquera pas aux legs de choses indéterminées ; par exemple, d'un cheval, d'une pendule que ne possède pas le testateur. Mais s'il a dit : « Je lègue à Primus la maison de Paul ; et s'il ne veut pas la vendre, que mon héritier lui en paie la valeur. » Un pareil legs sera très valable ; nous n'appliquerons pas l'art.

(1) Bordeaux, 31 janvier 1880
(2) M. Bugnet.
) Merlin. — M. Laurens.

1021 , et le Code nous donne lui-même un exemple d'un legs de la chose d'autrui valablement fait , quand le testateur a légué un usufruit qui ne lui appartenait pas (art. 1020). De sorte que nous retomberons à peu près dans les principes du Droit romain ; l'art. 1021 ne s'appliquera que quand il y aura procès sur la question de savoir si le testateur ignorait ou non que la chose ne lui appartenait pas.

On suit toujours l'intention présumée du testateur ; ainsi le legs fait au créancier n'est pas censé fait en compensation de sa créance, ni le legs fait au domestique en compensation de ses gages (art. 1023).

§ IV. — *De la révocation des testaments et de leur caducité.*

SECTION Ire.

De la révocation.

Nous avons su comment on pouvait léger ; il faut maintenant voir comment on peut révoquer les legs.

La révocation d'un testament peut être expresse ou tacite : 1° Expresse (art. 1035).

La révocation expresse peut être faite par un testament postérieur, ou par acte devant notaire.

Si ce second testament est un testament public , nul pour défaut de formes : par exemple , parce qu'un des témoins manquera ou n'aura pas les qualités voulues, vaudra-t-il au moins comme acte notarié ordinaire, et la révocation qu'il contient sera-t-elle valable? La question est très controversée. Je crois , avec M. Laurens, que ce nouveau testament sera tout à fait nul, et ne vaudra même pas comme révocation. En effet, ce testament est un tout indivisible ; il ne peut y avoir deux actes en un seul, et le testateur qui a fait uue nouvelle attribution dans ce second testament, n'a pas voulu laisser sa succession à ses héritiers légitimes, ce qui arriverait si on admettait sa validité (1).

(1) M. Bugnet.

Mais l'acte fait sous forme olographe, et portant révocation de testament, révoque valablement, encore qu'il ne renferme aucune disposition de biens ni libéralité ; car il y a toujours attribution de biens au profit des héritiers légitimes.

Révocation tacite. — La révocation tacite résulte :

1° D'un second testament contenant des dispositions contraires ou incompatibles avec celles qui sont contenues dans le premier (art. 1036).

Examinons les divers cas qui peuvent se présenter :

1° Le premier testament contient un legs universel, et le second, qui ne contient pas une révocation expresse renferme un legs universel, annulation complète du premier. — Le second testament contient seulement un legs à titre universel. Y a-t-il révocation ? Non ; le second legs ne sera qu'une charge imposée au premier ; la part du second légataire, s'il défaille, reviendra au premier. La question est importante, surtout en présence de l'article 1037, qui déclare qu'un testament postérieur, pour en annuler un premier, n'a pas besoin d'être exécuté. — Si, au lieu d'un legs à titre universel, il y avait legs particulier, il n'y aurait évidemment pas révocation.

2° Le premier testament contient un legs à titre universel ; — le second, un legs universel. Y aura-t-il révocation ? La question est controversée (1) ; je crois que ce sera encore une question de fait. Si le second ne contient que des legs à titre universel ou particulier, il n'y pas révocation.

3° De même, si le premier testament contient un legs particulier; le second, un legs universel, ou à titre universel, ce sera encore une question de fait. — Si le second contient également des legs particuliers, il n'y a là aucune révocation : je ne vois même pas pourquoi les seconds legs seraient exécutés plutôt que les premiers, en cas de concurrence, quand ce sont des sommes d'argent, parce que le testateur a bien pu se faire illusion sur sa fortune, et croire que l'on pourrait tout exécuter.

(1) Mais je crois que dans toutes ces questions les juges auront une appréciation de fait ; ils se décideront d'après l'intention présumée du testateur.

Si les dispositions des deux testaments sont incompatibles, c'est-à-dire faites au profit de la même personne, mais la seconde contenant moins que la première, celle-ci est révoquée pour tout ce qu'elle comprend de plus que la seconde.

2° *Révocation tacite par aliénation* (art. 1038).

L'aliénation que le testateur aura faite de tout ou partie de la chose léguée, emportera la révocation du legs ; même, si elle a été faite à réméré ou par échange ; même si *elle est nulle,* nous dit l'art. 1038 ; mais il faut que le testateur ait eu la volonté d'aliéner. Ainsi, si la nullité résulte, par exemple, de la violence, il n'y aura pas révocation, parce qu'il n'y aura pas eu volonté d'aliéner ; de même, si, croyant vendre la vigne A, qui n'était pas léguée, j'ai vendu la vigne B, qui l'était.

SECTION II.

Caducité des legs.

Les legs deviennent caducs :

1° Si le légataire meurt avant le testateur ;

2° S'il meurt avant l'arrivée de la condition, lorsque le legs est conditionnel. Il importe de distinguer les legs à terme des legs conditionnels : les premiers donnent au légataire un droit transmissible à ses héritiers (1041). La loi n'a pas établi de distinction ; elle a laissé ce soin aux juges.

Si la condition est négative : ainsi, par exemple, je lègue à Paul, à condition qu'il n'ira pas à Rome, la condition ne sera accomplie qu'à la mort du légataire. Les Romains avaient, pour ce cas particulier, permis au légataire de demander la délivrance de son legs, sauf à le rendre, s'il contrevenait à la condition ; et il donnait une caution, que l'on appelait caution mucienne. Je crois que, dans la même hypothèse, il faudrait admettre cette caution.

3° Lorsque le légataire répudiera le legs ou se trouvera incapable de le recueillir (art. 1043), par exemple dans le cas de l'art. 909.

4° Lorsque la chose léguée a totalement péri pendant la vie du testateur.

La chose est censée périe, non-seulement quand elle est détruite absolument; mais encore quand elle est convertie en une autre substance; ainsi, le legs d'une quantité de planches serait caduc, au décès du testateur, si ces planches avaient été employées à la construction d'un navire.

La seconde disposition de l'art. 1004 ajoute que le legs est également caduc si la chose a péri après le décès du testateur, sans le fait et la faute de l'héritier, quoique celui-ci ait été mis en retard de la délivrer, lorsqu'elle eût également dû périr entre les mains du légataire. Mais ce n'est pas là un cas de caducité; le droit du légataire est déjà né. Il aura droit aux accessoires et à tout ce qui reste de la chose léguée, sans distinguer, comme il faudrait le faire dans le cas précédent, si ce qui a péri était la chose principale ou non. Ainsi, un vaisseau légué périt avant la mort du testateur, les débris appartiennent aux héritiers : s'il périt après le décès, ils appartiennent au légataire.

Les legs peuvent encore être révoqués pour certaines causes qui révoquent les donations entre-vifs : par exemple, inexécution des conditions, ingratitude. Lorque le légataire aura attenté à la vie du testateur ; s'il s'est rendu coupable envers lui de délits sévères ou injures graves. — S'il a fait une injure grave à la mémoire du testateur. Cette action en révocation doit être intentée dans l'année du délit, et le point de départ de cette année est le jour où les héritiers en ont eu connaissance.

Dans les donations, la survenance d'un enfant légitime au donateur après la donation, en opère la révocation (art. 960). Il n'en est pas de même à l'égard des dispositions testamentaires. Bien plus, le testament fait par un individu, dans l'ignorance de la grossesse de sa femme, et mort dans cette ignorance, n'est pas révoqué par la naissance d'un enfant.

Qui doit profiter de la caducité des legs? S'il y a un substitué vulgaire, on l'appellera au premier rang ; s'il n'y en a pas, le legs profitera à celui auquel il aurait nui, s'il eût produit son effet; à un co-légataire, s'il y a lieu à accroissement; à l'héritier, s'il n'y a pas lieu.

L'expression de *droit d'accroissement* n'est pas très exacte. En effet, le but du législateur est de faire exécuter, autant que possible, les dernières volontés du défunt. Quand il ouvre le droit d'accroissement, c'est afin de donner à un co-légataire tout ce que le testateur avait intention de lui donner. Il faut donc dire que le légataire recueille tout le legs, non pas par droit d'accroissement, mais par droit de non-décroissement (1).

Il y aura lieu à accroissement au profit des légataires dans le cas où le legs sera fait à plusieurs conjointement. (Art. 1044).

Nous savons qu'en Droit romain il y avait trois espèces de conjonctions. 1° *re et verbis ;* 2° *re tantum ;* 3° *verbis tantum.* (F. suprà. Droit romain).

L'art. 1044 s'applique à la conjonction *re et verbis :* cela ne présente aucun doute.

L'art. 1045 règle la conjonction *re tantum ,* et la règle d'une manière fort bizarre. En effet, cette conjonction qui, en Droit romain, était considérée comme la première, qui, plus que toute autre, faisait présumer, de la part du testateur, l'intention de léguer la chose entière à chaque légataire, ne donnera lieu au droit d'accroissement que lorsque la chose léguée pourra être divisée sans détérioration. L'étendue de la libéralité sera déterminée, non pas d'après l'intention du testateur, mais d'après la qualité de la chose léguée. Ainsi, je lègue, séparément, une maison : il y aura lieu à accroissement ; je lègue une prairie, une forêt : le droit d'accroissement n'existera pas.

Un célèbre jurisconsulte (M. Proudhon) avait proposé une théorie très rationelle, si elle avait pu s'accorder avec l'article 1045. Il disait 1° Le droit d'accroissement a toujours lieu dans la conjonction *re tamtum ;* le Code n'en a pas parlé ; mais cela n'était pas nécessaire ; c'était évident. 2° La conjonction *re et verbis* est réglée par l'art. 1044, et l'art. 1045 s'applique à la conjonction *verbis tantum* : il proposait de lire ainsi ce dernier article : « Le legs sera encore réputé fait conjointement, quand une chose qui n'est pas susceptible d'être divisée sans détérioration, aura été donnée par la même disposition (au lieu du mot acte) à plusieurs per-

(1) Jus adcrescendi est non ut quis plus habeat, iud ne minus habeat.

sonnes, avec assignations de parts (au lieu de séparément). » Malheureusement, la loi existe, et il n'est pas permis de la refaire ainsi.

Quelques auteurs appliquent le droit d'accroissement à l'usufruit, même après que tous les co-légataires ont recueilli leur part. Il en était ainsi en Droit romain ; mais je ne crois pas que cette règle doive être conservée dans notre Droit. En effet, aucune loi ne le dit ; en outre, c'est à l'occasion de la caducité des legs que le Code s'occupe du droit d'accroissement ; tandis qu'ici, chaque legs a produit son effet, tout est réglé pour chaque légataire (**M. Bugnet**).

§ 5. — *Des exécuteurs testamentaires.*

L'exécuteur testamentaire est quelqu'un choisi par le testateur pour surveiller l'exécution de ses dernières volontés, dans la crainte que les héritiers ne se prêtent pas de bonne grâce à l'exécution des legs.

Pour faciliter la mission des exécuteurs testamentaires, la loi permet au testateur de leur donner la saisine de tout ou partie du mobilier, saisine qui durera un an, à moins que les héritiers ne justifient du paiement des legs, ou ne remettent une somme suffisante pour les acquitter (1026-1027).

Les exécuteurs testamentaires doivent rendre compte aux héritiers et aux légataires (1) ; ils ne rendront jamais compte à celui qui les a choisis ; voilà pourquoi, bien qu'il ne soit que mandataire, l'exécuteur testamentaire doit être capable de s'obliger (1028-29-30).

Les exécuteurs testamentaires devront 1° faire apposer les scellés, s'il y a des mineurs, interdits ou absents ; 2° faire vendre les meubles, si les héritiers ne peuvent ou ne veulent acquitter les legs ; 3° faire, en présence de l'héritier, inventaire des biens de la succession (1) ; 4° veiller à l'exécution du testament, et, en cas de contestation, intervenir pour en soutenir la validité ; 5° rendre compte de leur gestion.

(1) Le testateur peut les en dispenser.

Les pouvoirs des exécuteurs testamentaires ne passeront pas à leurs héritiers; s'il y a plusieurs exécuteurs, et que tous aient accepté, un seul pourra agir au défaut des autres, et ils seront solidairement responsables, à moins que le testateur n'ait divisé leurs fonctions et que chacun ne se soit renfermé dans celle qui lui était attribuée (art. 1033).

(1) Le testateur peut les dispenser de faire inventaire, s'il n'y a pas d'héritier à réserve.

RPOCÉDURE CIVILE.

—

De la comparution des parties et du serment.

Art. 119-120-121.

La comparution des parties est un moyen d'éclairer le tribunal, de parvenir à la découverte de la vérité; il est laissé tout entier à l'arbitrage du juge, qui peut, à son gré, l'admettre ou le rejeter sans que sa décision à cet égard puisse donner ouverture à cassation. Son but est d'écarter, quelques instants, les intermédiaires chargés de représenter les parties, et d'obtenir la vérité de leur bouche même.

La comparution des parties a une grande analogie avec un autre moyen que possède le tribunal pour s'éclairer, et qui autrefois existait seul. Je veux parler de l'interrogatoire sur faits et articles.

Dans les deux cas, le législateur a eu en vue le même but : celui d'éclairer la conscience des juges, d'obtenir des aveux.

Les résultats de ces deux procédures sont les mêmes; il n'y a de différence que dans la marche à suivre.

Pour la comparution des parties, le jugement une fois rendu (1) (art. 119), elles se présentent au jour indiqué devant le tribunal, en audience publique; leur interrogatoire est public; les questions sont faites à l'audience même, sans notification préalable.

L'interrogatoire sur faits et articles, au contraire, se fait en l'absence

(1) Bien que ce jugement soit contradictoire, il faut qu'il soit signifié et levé.

du public; c'est un juge qui interroge la partie, sans que l'autre partie soit présente ; procès-verbal est dressé des questions et réponses , et le tribunal apprécie.

Plusieurs différences séparent donc ces deux procédures.

1° Dans la comparution personnelle , le tribunal tout entier est présent ; dans l'interrogatoire sur faits et articles, c'est un seul juge qui interroge. Dans le premier cas , l'interrogatoire est public ; dans le second, il se fait à huis-clos.

2° Dans le cas de l'art. 119, les deux parties sont en présence ; dans le cas de l'art. 324, la partie qui a requis l'interrogatoire est exclue.

3° Dans la comparution personnelle , les questions sont posées sans avertissement, sans notification ; chaque juge peut s'éclairer lui-même, tandis que, dans l'interrogatoire sur faits et articles , les questions à faire doivent être notifiées à la partie interrogée vingt-quatre heures à l'avance.

Il est superflu de faire ressortir les avantages de la comparution des parties ; toutes les fois qu'elles pourront se rendre elles-mêmes à l'audience, il est évident que ce mode sera préférable ; en effet, là, les parties seront en présence , pourront relever leurs dire , ne seront pas préparées aux questions qui leur seront faites , et qui pourront être posées par l'adversaire lui-même ; elles seront faites en public ; chaque juge profitera des aveux qui échapperont et qui seront bien mieux saisis, venant de la bouche de l'une des parties que sur le rapport d'un juge délégué , dont la mémoire peut ne pas être très fidèle.

La seule raison qui , quelquefois , fait employer le second moyen , est la difficulté de faire venir les parties elles-mêmes ; mais l'art. 333 permet au juge, dans l'interrogatoire sur faits et articles , de faire les questions qu'il jugera convenables ; de sorte qu'on ne notifie à la partie que des questions insignifiantes , et le juge fait, lui seul , sans qu'elle y soit préparée , les questions importantes.

Du serment.

Le serment est un acte religieux par lequel on prend Dieu à témoin de la sincérité d'une promesse ou de la vérité d'un fait.

Le serment est décisoire ou supplétoire (1358 C. C.). Le serment décisoire est celui qu'une partie défère à l'autre pour en faire dépendre le jugement du procès ; il peut être déféré en tout état de cause ; il termine la contestation. Aussi dit-on que les parties sont, pour ainsi dire, juges dans leur propre cause. La partie à laquelle le serment est déféré ne peut pas le refuser ; elle ne peut que le référer à l'adversaire, si le fait ne lui est pas purement personnel ; sinon, elle doit succomber dans sa demande ou dans son exception (1364 C. C.).

Le tribunal ne peut pas refuser d'ordonner le serment décisoire déféré par l'une des parties à son adversaire, bien que l'on trouve quelques arrêts contraires. En effet, c'est une espèce de transaction qui termine immédiatement le procès et que la loi doit favoriser autant que possible.

Le serment supplétoire est celui qui est déféré d'office par le juge à l'une des parties pour compléter les preuves qui lui paraissent être insuffisantes.

L'art. 120 nous dit que tout jugement qui ordonnera un serment énoncera les faits sur lesquels il sera reçu. C'est bien là évidemment le serment supplétoire ; et on comprend très bien que l'omission des faits sur lesquels le serment doit être prêté, entraîne la nullité du jugement qui l'ordonne ; car il serait sans dispositif.

Cet article s'appliquera aussi quelquefois au serment décisoire, quand, par exemple, les parties ne seront pas d'accord sur la capacité de celui qui défère le serment, ou que l'une dira que la matière n'est pas susceptible de transaction, etc.

Le serment sera fait par la partie en personne, à l'audience. S'il y a un empêchement légitime, le tribunal déléguera un juge. Si elle est trop éloignée, il pourra décider que le tribunal du domicile de la partie recevra son serment. En tous cas, la partie adverse devra être présente, ou elle aura dû être appelée par acte d'avoué à avoué, trois jours au moins avant la prestation.

Mais l'art. 121 ajoute : « Et s'il n'y a pas d'avoué constitué, par exploit etc., »

Comment peut-il se faire que, dans une instance où le serment est déféré, il n'y ait pas d'avoué constitué? Cela arrivera pourtant quelquefois; quand, par exemple, l'avoué de la partie sera mort dans l'intervalle du jour où le jugement est rendu à sa signification; elle ne pourra pas refuser le serment en ne constituant pas un nouvel avoué. On le lui signifiera alors par un exploit fait à personne ou à domicile, ou bien, si, avant de rendre un jugement par défaut de comparaître, le tribunal qui doit vérifier les conclusions du demandeur décide qu'il prêtera serment, il ne peut le notifier par acte d'avoué à avoué; il sera forcé de le faire signifier par exploit, ou par le ministère d'un huissier à la partie adverse qui n'a pas constitué avoué.

CODE PÉNAL.

De la peine de mort et des peines afflictives et infamantes perpétuelles.

La première question qui se présente à l'esprit, quand on examine la théorie des peines, est de se demander de quel droit la société agit ainsi? De quel droit, au lieu de réunir ses forces collectives pour tâcher d'appeler au bien, prend-elle le mal pour instrument? Est-ce l'abus du plus grand nombre contre un seul? En un mot, la société a-t-elle le droit de punir?

Si nous ne consultons que la raison historique, nous verrons que ce droit a été en vigueur dans tous les temps et chez tous les peuples. Et si nous considérons ce qui a été et non pas ce qui devait être, trouverons-nous l'origine de la pénalité dans la nature spirituelle de l'homme ou dans sa nature matérielle? Il est incontestable que c'est dans sa nature matérielle. Il y a en nous cet instinct subit, qui, lorsqu'une action nous blesse, nous porte à réagir involontairement contre la cause du mal que nous avons senti, fût-ce une cause inanimée, si la raison ne vient pas tempérer cet instinct : c'est ce qu'on appelle la vengence; et c'est dans cet instinct grossier, mais général, de tous les hommes que nous trouvons l'origine de la pénalité : c'est l'instinct de la vengeance qui, dans l'enfance des peuples, faisait livrer le coupable à l'offensé, qui permettait à chacun de punir celui qui lui avait fait tort, et, plus tard, quand la civilisation vint adoucir les mœurs, le même principe subsiste : nous le retrouvons dans l'application des peines qui faisaient subir au coupable d'affreuses tortures. Le seul progrès, c'est la substitution de la vengeance publique à la vengeance privée.

Est-ce donc dans la vengeance que la société trouve le droit de punir ? Quelques personnes l'ont soutenu ; mais je ne saurais admettre cette opinion ; la vengeance n'est qu'une passion, le résultat du mouvement désordonné des sens et de l'âme.

Je crois qu'il faut chercher le droit de punir que possède la société dans les principes que nous enseigne la justice absolue, et dans l'intérêt de conservation de la société elle-même. La justice nous dit que le bien doit être rémunéré par le bien, le mal par le mal ; mais c'est là la justice divine, qui ne ferait pas assez la part de la faiblesse humaine, si l'intérêt de la société ne venait s'y joindre. Le châtiment sera juste, parce qu'il ne sera que la représentation de la justice de Dieu, et parce que la société a le droit de se protéger, elle et ses membres, contre toute injuste agression.

La société a donc le droit de punir : elle punit par l'application des peines. Ces peines doivent-elles être arbitraires ? Des principes que nous avons émis, il résulte évidemment que non. Le législateur a dû proclamer ce que la loi ordonne ou ce qu'elle défend ; quelle peine sera appliquée à tel fait. *Moneat lex priusquam feriat.*

La peine, pour être bonne, doit être mesurée 1° sur la culpabilité de celui qu'elle atteint, sur l'appréciation que fait la conscience du fait coupable qu'il s'agit de punir ; 2° sur la nature du danger, la nature du péril social, qu'il faut réprimer par une peine plus ou moins forte, selon que le fait était plus ou moins dangereux. Un autre danger qu'il faut éviter, c'est que le coupable ne recommence et ne trouve des imitateurs.

Pour empêcher la récidive, il y aurait deux moyens : 1° le mettre physiquement dans l'impossibilité de recommencer ou changer son moral de telle manière qu'il ait lui-même horreur de sa faute. Le premier moyen est le plus efficace ; dans les temps barbares, il était fréquemment employé. Mais une législation où les peines ne seraient pas graduées serait mauvaise ; les lois de Dracon n'eurent qu'une existence éphémère. « En

Moscovie, dit Montesquieu, où les voleurs et les assassins sont punis de la même manière, on assassine toujours ; on a moins de chance d'être découvert. » Le but de la loi ne serait donc pas atteint. Quand elle est trop forte, la peine transforme le condamné en victime ; elle manque son but ; au lieu de le rendre odieux à la société, elle inspire sa pitié.

Le second moyen, du changement moral, est un problème difficile à résoudre ; et malgré tous les efforts tentés, il faut reconnaître que, dans l'application des peines, la loi y parvient rarement.

Quant à arrêter ceux qui seraient tentés d'imiter le coupable, elle y parvient par la crainte salutaire du mal qu'elle inflige.

Voyons comment notre Code a entendu le système des peines.

« *En matière criminelle, les peines sont afflictives et infamantes, ou infamantes seulement.* » (Art. 6.)

Cette division des peines n'est pas rationelle. Pourquoi une peine afflictive est-elle, par cela même, infamante ? Parce que le législateur l'a ainsi voulu. Mais il ne dépend pas du législateur de frapper d'infamie tel fait ou telle peine qui sera encourue : l'nfamie est le résultat de l'opinion publique ; et il arrivera souvent que ces peines mêmes que le législateur a déclarées infamantes n'entacheront pas l'honneur de celui qui les subit.

Les peines afflictives et infamantes sont 1° la mort ; 2° les travaux forcés à perpétuité ; 3° la déportation, etc., toutes trois peines perpétuelles, manquant de ce caractère de divisibilité que les criminalistes désirent. En effet, les juges n'ont point à hésiter entre un maximum et un minimum ; dans le cas où ces trois peines doivent être prononcées, elles le seront toujours à vie.

Ces peines, sans nul doute, atteignent le but que doit se proposer tout législateur, et que nous avons indiqué plus haut. Mais le droit de punir, qui appartient incontestablement à la société, lui donne-t-il le droit d'appliquer des peines perpétuelles ? d'enchaîner toute la vie d'un homme au châtiment d'une faute ? lui donne-t-il surtout le droit de tuer, de retrancher de son sein un de ses membres avant le temps que la Providence lui avait fixé ?

Les peines perpétuelles avaient été supprimées par l'Assemblée

Constituante, en 1791, qui cependant garda la peine de mort; mais elles furent rétablies, après une longue discussion, dans le Code de 1810, à cause de l'énorme distance qui séparait la peine de mort des autres peines.

Sans rappeler, ici, les arguments si connus pour ou contre la peine de mort, je me bornerai à présenter quelques raisons, pour prouver le droit qu'a la société de l'infliger. La société, dit-on, ne peut pas faire mourir un de ses membres, parce qu'elle n'a pas plus de pouvoir que chacun de ceux qui la composent. Or, quelque mal qu'un homme fasse à un autre, celui-ci, lorsqu'il tient son ennemi terrassé et vaincu, ne peut plus le tuer, sans commettre un crime. Sans doute. Mais si la société n'avait pas plus de droit que n'en a chaque individu, elle ne pourrait pas retenir le coupable, lui imposer des travaux ; elle ne pourrait que se borner à le mettre dans l'impossibilité de nuire. Mais, comme nous l'avons dit, lorsque la société punit, elle ne puise pas seulement ce droit dans le cas de légitime défense; mais dans la justice. Le coupable est donc châtié, non seulement parce qu'il a porté atteinte à la société, mais parce qu'il a mal agi. Ce sera donc une question de conscience, que de savoir si le fait commis est moralement assez grave, et si le danger, le péril social était assez grand pour légitimer la peine de mort.

Il faut reconnaître qu'il est des crimes tellement atroces que la peine de mort n'est pas pour eux une peine trop grave. Disons, du reste, que cette peine tend à devenir de plus en plus rare; elle a déjà été supprimée dans plusieurs cas, et l'admission des circonstances atténuantes vient encore y mettre obstacle.

Si l'on reconnaît à la société le droit d'infliger la mort, on doit lui reconnaître évidemment celui de prononcer des peines perpétuelles.

Effets des peines.

1° (art. 12) « Tout condamné à mort aura la tête tranchée .» La peine de mort ne s'appliquera plus que pour port d'armes contre la France, trahison, attentat contre l'Empereur, assassinat, parricide, empoisonnement, etc.

2° Les condamnés aux travaux forcés à perpétuité subissaient autrefois leur peine dans les bagnes, ils sont maintenant dans une colonie pénitentiaire (faux par acte authentique, fausse monnaie, meurtre sans préméditation, etc.).

3° Déportation. — Avant la loi du 8 juin 1850, la déportation était une peine qui ne différait de la réclusion, que parce qu'elle s'appliquait généralement aux crimes politiques et était subie dans une forteresse de l'Etat. Elle ne différait de la détention que parce qu'elle était pepétuelle. La loi de 1850 établit deux sortes de déportation : la déportation dans une enceinte fortifiée, qui remplace la peine de mort pour crime politique, et la déportation simple, qui sera réellement subie hors du continent, aux îles Marquises (art. 89, 82, 91, 94, 98).

Vu par le Président de la Thèse,
LAURENS.

Cette Thèse sera soutenue, dans l'une des salles de la Faculté, en séance publique, le 11 août 1855.

Toulouse, Impr. LAMARQUE et RIVES, successeurs d'Henault, rue Triprière, 9.

Toulouse , Imprimerie LAMARQUE & RIVES, rue Triprière,

www.ingramcontent.com/pod-product-compliance
Ingram Content Group UK Ltd.
Pitfield, Milton Keynes, MK11 3LW, UK
UKHW022219070726
13613UKWH00004B/1758